AF314864

# ARCHIVES

### DES

# HOMMES DU JOUR

revue mensuelle, historique, religieuse et critique,

## PAR UNE SOCIÉTÉ DE JOURNALISTES ET D'HOMMES DE LETTRES.

Sous la direction de

### MM. TISSERON ET DE QUINCY.

SOUS-DIRECTEUR : **G. G. LAPLUMARDIE**, ancien Secrétaire du général Fabvier.

## ONZIÈME ANNÉE.

## PRIX DE L'ABONNEMENT :

UN AN, Paris. . . . **50 francs.** | DÉPARTEMENTS. . . . **60 francs.**

*L'Administration des Archives des Hommes du Jour n'accepte pas d'abonnements de trois ou de six mois.*

Chaque exemplaire particulier, **2 francs.**

Insertions, **1 franc 25 cent.** la ligne.

## MARS 1853.

# PARIS,

## Rue du Bac, 130, et rue de Babylone, 1.

# EXTRAIT DES NOTICES PUBLIÉES DANS CETTE REVUE

Notre Saint-Père le Pape.
Son Eminence le cardinal de Bordeaux, sénat.
Son Eminence le cardinal Mathieu, sénateur.
Sa Majesté la reine d'Espagne.
La famille de Larochefoucauld-Liancourt.
Monseigneur l'archevêque de Paris.
Monseigneur Parisis, évêque de Langres.
M. le président de l'Assemblée nationale.
Monseigneur l'évêque de Chartres.
Monseigneur l'évêque d'Orléans.
Monseigneur Graveran, évêque de Quimper.
M. l'amiral Cécille, ex-représentant du peup.
M. l'amiral Roussin. M. le ministre de la mar.
M. le duc de Levis. — M. le duc de Valmy.
M. Baroche, ministre de l'intérieur.
M. Véron, député.
M. Guyart-Delalain, député.
M. Foucher-Lepelletier, député.
M. Monnin-Japy, député.
M. Perret, député, maire du 8ᵉ arrondissem.
M. Kœnigwarter, député.
M. Lanquetin, député.
M. Devinck, député.
M. Lemaire, trésorier de la ville de Paris.
M. Armand Marrast, ex-représ. (Critique.)
M. de Falloux, ex-représentant du peuple.
M. Proudhon, ex-rep. du peuple. (Critique.)
M. de Vatimesnil, ex-représentant du peuple.
M. Jules Favre, ex-rep. du peuple.(Critique.)
M. de Montigny, ex-représentant du peuple.
M. Clément Thomas, ex-représ. (Critique.)
M. le duc de Larochefoucault-Doudeauville.
M. le duc de Crillon, ancien pair de France.
M. le duc de Mouchy, lieutenant-général.
M. le duc de Narbonne-Pelet, ex-pair de Fr.
M. le duc de Grammont.
M. le comte de Cossé Brissac (Emmanuel).
M. le vicomte d'Arlincourt.
M. de Montalembert, ex-représ. du peuple.
M. Thuriot de la Rosière, ex-représ. du peup.
M. le baron Benjamin Delessert, anc. député.
M Fontaine, archit. du gouvernement franç.
M. Pardessus, de l'Académie française.
M. Landolphe, ex constituant. (Critique.)
M. Dambray, ex-représentant du peuple.
M. Levavasseur, ex-rep. du peuple.(Critique.)
M. Paulin Gillon, ex-représ. du peuple.
M. de Lamartine, ex-rep. du peup.(Critique.)
M. Olivier de Sesmaisons, ex-rep. du peup.
M. de Flavigny, ex-représentant du peuple.
M. Dabeaux, ex-représentant du peuple.
M. Randoing, ex-représentant du peuple.
M. Pécoul, ex-représentant du peuple.
M. Frémy, ex-représentant du peuple.
M. Moulin, ex-représentant du peuple.
M. Poujoulat, ex-représentant du peuple.
M. Lacrosse, ex-représentant du peuple.
M. Desjobert, ex-représentant du peuple.
M. Ancel, ex-représentant du peuple.
M. de Crouseilhes, ex-représ. du peuple
M. Napoléon Daru, ex-représ. du peuple.
M. Garnon, ex-représ. du peuple.
M. Noël (de Cherbourg), ex-représ. du peup.
M. le comte Ségur-d'Agnesseau, sénateur.
M Gouin, ex-représ. du peuple.
M. le comte d'Houdetot, ex-représ. du peup.
M. Bérenger (de la Drôme), anc. député.
M. de Melun, ex-représentant du peuple

Monseigneur le comte de Chambord.
M. le général, marquis d'Espinay-Saint-Luc.
M. le comte de Mailly, marquis de Nesle.
M. le général comte de Durfort.
M. de Montigny, député.
M. le comte de Champagny, député.
M. Henry de Riancey, ancien représentant.
M. le général Roguet.
M. le maréchal Saint-Arnaud.
M. le maréchal Reille.
M. le général Courby de Cognord.
M. le général Servatius.
M. le général Bruno.
M. le général Perrin-Solliers.
M. le général Brunet-Denon, député.
M. le général de Lahitte, ex-min. des aff. étr.
M. le général Petit, commandant de l'hôtel
des Invalides.
M le général d'Arbouville.
M. le maréchal de Castellane, sénateur.
M. le général d'Ornano, ex-représ. du peup.
M. le général Baraguay-d'Hilliers, sénateur.
M. le général de Grammont, ex-rep. du peup.
M. le général Lebreton, ex-représ.du peuple.
M. le général de Bar. ex-représ. du peuple.
M. le général Chasseloup-Laubat.
M. le général Moline de Saint-Yon.
M. le général Rulhières, ex-rep. du peuple.
M. le général Oudinot, ex-rep. du peuple.
M. le général de St-Géniés, ex-rep. du peup.
M. le général Lariboissières, ex-rep. du peup.
M. le général Rébillot, anc. préfet de police.
M. le comte Eugène de Montlaur.
M. le comte de Turenne, ex-pair de France.
M Raudot, ex-représentant du peuple.
M. l'abbé de l'Espinay, ex-représ. du peuple
M. d'Olivier, ex-représentant du peuple.
M. le baron Taylor
M. Marbeau, fondateur des crèches.
M. le comte de Lagrange, lieutenant-général.
M. le duc de Plaisance, lieutenant-général.
M. l'abbé Annat, curé de Saint-Merry.
M. de Lacretelle, de l'Académie française.
M. Begin, chirurgien inspecteur des armées.
M. Lerus, ancien chirurgien militaire.
M. le docteur Conneau, député.
M. Louis, memb. de l'Académie de médecine.
M. Roche, membre de l'Académie de médec.
M. Piorry, professeur de la Faculté.
M. Récamier, médecin de l'Hôtel-Dieu.
M. de Larochefoucault, duc d'Estissac.
La maison de-princes de Béthune.
La maison de Castellane.
La maison de Kergorlay.
M. le comte Emmanuel de Cossé-Brissac.
La maison de Latour-du-Pin-de-la-Charce.
La maison de Chabrillan.
La colonie agricole de Mettray.
M. le général comte de Ruty.
M. le général comte de Nansouty.
M. Tripier, ancien pair de France(Nécrolog.)
M. Guersant fils, chir. de l'hôpital des Enfants.
M. Robert, professeur agrégé de la faculté.
M. Ricord (Phil.), chir. de l'hôpital du Midi.
M. Menière, méd. en chef des Sourds-Muets.
M. le doct. Blanchet, méd des Sourds-Muets.
M. Gibert, agrégé, méd. de l'hôpital St-Louis.
M. Maisonneuve, chirurg. en chef de Bicêtre.

# M. LE COMTE DE CHAMPAGNY

(Napoléon-Marie de NOMPÈRE),

Docteur en droit, Député au Corps-Législatif,

Membre du Conseil-Général du Morbihan, etc., etc.,

Est fils de M. le duc de Cadore, qui fut tour-à-
tour ministre de l'intérieur et des affaires étran-
gères, ambassadeur à Vienne, Intendant de la
Couronne en 1813 et 1814, enfin, secrétaire de la
Régence, et qui mourut pair de France, en 1834,
laissant quatre fils. M. le comte Napoléon de Champagny, doit, autant à sa famille qu'à son mérite
personnel, la place que nous lui donnons dans nos
*Archives.*

Sa famille paternelle et maternelle est originaire
de Roanne (Loire).

Son frère aîné, M. le duc de Cadore actuel, fut

appelé en 1835 à la Chambre des Pairs, par or-
donnance du Roi Louis-Philippe. Depuis 1848, il
reste éloigné des affaires, parce que les circons-
tances ne lui offrent pas l'occasion de donner à
l'Empereur Napoléon III les témoignages d'un
dévouement traditionnel.

Le second fils du ministre de Napoléon I<sup>er</sup> est
M. le comte Franz de Champagny, né pendant
l'ambassade de son père, à Vienne, où il eut l'honneur d'être tenu sur les fonts de baptême par
l'Empereur d'Autriche; il est l'auteur d'un remarquable ouvrage d'histoire ( *les Césars* ), dont
la seconde édition vient de paraître.

Quant à M. le comte Napoléon de Champagny,
troisième fils du duc de Cadore, il est né à Paris,
à l'époque où son père était ministre de l'intérieur,
et il eut l'honneur d'avoir pour parrain et mar-
raine l'Empereur et l'Impératrice.

C'est à Paris qu'il a fait ses études littéraires
et juridiques, si sérieusement, qu'il fut reçu docteur en droit en 1831. On verra tout-à-l'heure
qu'il devait prouver d'une manière remarquable
ses connaissances en droit.

M. Napoléon de Champagny habite depuis
quatorze ans, l'arrondissement de Ploërmel (département du Morbihan).

Il a été un instant, en 1843, membre du con-
seil de cet arrondissement.

Appelé, dès 1844, au conseil-général du Morbihan, il fut réélu en 1846. Il en sortit, lors des élections générales, en 1848 ; mais il y rentra en 1852. Les habitants du Morbihan, se souvenant des services qu'il avait rendus, lui ont donné un nouveau témoignage de confiance en le nommant député au Corps-Législatif aux dernières élections.

Depuis longtemps, M. le comte N. de Champagny fait partie des conseils d'agriculture de son département, qui l'ont plusieurs fois délégué pour les représenter au Congrès central d'agriculture, — mission qu'il a toujours remplie avec distinction ; car, depuis 1840, il s'est livré fort sérieusement à l'étude des sciences agricoles.

C'est à partir de la même époque que M. Napoléon de Champagny s'est occupé activement et profondément de recherches et d'études sur la jurisprudence du droit administratif en matière de police municipale. Il est évident que ces recherches et ces études ont été également fortes et consciencieuses ; car elles ont produit un monument de science, qui trahit à la fois un discernement sûr, une critique sagace, un savoir étendu et profond.

L'ouvrage dont nous parlons a pour titre : *Traité de la police municipale ou de l'autorité des maires, de l'administration et du gouvernement en matières réglementaires.* Nous ne possédons encore que les deux premiers volumes ; le troisième était presque terminé lorsque la révolution de Février éclata. Le bouleversement survenu alors dans nos lois a obligé l'auteur à un travail nouveau qui a nécessairement retardé la publication de ce troisième volume. Si, comme il n'est pas permis d'en douter, il doit valoir ses devanciers, il sera également savant et intéressant, et recevra le même accueil du monde judiciaire et administratif.

L'instructif *Traité* de M. Napoléon de Champagny est précédé d'une rapide, mais remarquable introduction, dans laquelle l'auteur résume fortement l'histoire de l'autorité qui, avant 1789, exerçait à Paris, un pouvoir plus ou moins analogue à la police municipale d'aujourd'hui.

« Les autres villes, dit M. de Champagny, pré-
» sentaient un aspect assez semblable: un édit d'oc-
» tobre 1699 établit des lieutenants-généraux de
» police dans quelques provinces. Mais le droit de
» réglementer sur les diverses matières d'ordre
» et de police existait ailleurs : sans parler d'or-
» donnances royales contenant souvent des rè-
» gles spéciales pour certaines villes ou certaines
» professions, les arrêts de réglements des cours
» souveraines rentrent aussi quelquefois dans
» cette catégorie. Il serait impossible d'établir

« d'une manière précise les limites de ces pou-
» voirs; et , pour ce qui est de l'application ac-
» tuelle de leurs actes, tous ceux qui ont été reçus
» alors sans opposition doivent, s'ils n'ont pas été
» rapportés depuis, et s'ils ne sont pas contraires
» à notre législation nouvelle, être observés en-
» core aujourd'hui. »

L'auteur a divisé son ouvrage en trois parties :

Dans la première, il établit la théorie générale des réglements de police.

Dans la seconde , il fait application de cette théorie aux diverses espèces de réglements, envisagés selon le but, l'objet auquel il se rapportent.

Enfin, dans la troisième, il examinera sommairement l'organisation et la procédure des Tribunaux auxquels appartient la répression des contraventions.

Tels sont ou seront les grands et importants objets du *Traité de la police municipale*, qui, avec le temps, trouvera certainement place, non seulement dans la bibliothèque des gens de loi et des magistrats, mais dans celle de tous les hommes qui prennent une part quelconque à l'administration des affaires publiques.

Le premier volume de ce traité ouvre par un *chapitre préliminaire* dont nous croyons devoir

citer la première page, parce qu'elle témoigne à
la fois de la justice, du jugement et du goût litté-
raire de l'auteur.

« C'est, dit M. Napoléon de Champagny, à
» l'Assemblée constituante que nous devons les
» limites encore existantes aujourd'hui du pouvoir
» municipal en général, et, en particulier, de l'au -
» torité réglementaire des agents municipaux ; en
» un mot, de la police municipale. Et à ce su-
» jet, qu'il nous soit permis de dire deux mots de
» la manière dont quelques hommes politiques
» ont cru devoir juger la première de nos Assem -
» blées.

» A les en croire, l'Assemblée constituante ,
» excellente quand il s'est agi de détruire l'ancien
» régime , aurait été impuissante à reconstruire.
» Si cela était, ce ne serait pas un éloge, mais des
» reproches, qu'on devrait lui adresser. Détruire
» sans savoir édifier, c'est le fait du plus ignorant
» ouvrier : ce n'est pas celui d'un grand architecte.
» L'Assemblée constituante a , au contraire, édi-
» fié autant qu'elle a détruit. Si ses fautes ont
» été nombreuses, c'est précisément à cause de
» l'étendue de la carrière qu'il lui a fallu parcou-
» rir. S'il est permis de signaler ses fautes, la
» justice ne veut-elle pas aussi qu'on se souvienne
» de ses bienfaits ? De combien d'améliorations,

» d'institutions utiles n'a-t-elle pas posé le prin-
» cipe ? combien , parmi les lois faites depuis,
» n'en est-il pas qui ne sont que le développement
» et même le plagiat de ses ouvrages ! Le principe
» de l'unité et de la centralisation , pour lequel
» Richelieu et Louis XIV, à la vérité, avaient tant
» fait, n'a-t-il pas reçu une étendue qu'il n'avaient
» pas encore eue ? Ce fut sans doute un grand vice
» dans ce système de ne pas voir que le principe
» de la centralisation et de la responsabilité mi-
» nistérielle nécessite une subordination hiérar-
» chique des fonctionnaires, et que les agents de
» l'autorité administrative doivent, directement
» ou indirectement , dépendre du chef de l'État ;
» mais, à côté de cette erreur , qui, dix ans plus
» tard, devait être si bien réparée par les lois du
» Consulat et de l'Empire, combien de principes
» utiles n'ont-ils pas été définitivement posés ?
» La loi des 16 et 24 août 1790, œuvre si remar-
» quable, que nous avons déjà citée et que nous
» citerons encore bien des fois, ne contient-elle
» pas, à côté de cette organisation judiciaire, mo-
» difiée depuis, mais non pas changée, les pre-
» mières bases de l'autorité administrative et le
» principe de la séparation des deux autorités ?
» Les œuvres de l'Assemblée constituante nous
» environnent de toute part; mais il est des hom-
» mes qui en nient l'existence pour s'attribuer,

» à eux et à leur époque, un mérite de création
» qu'ils n'ont pas. »

Tout en rendant justice aux améliorations qui
sont résultées de nos grandes et terribles révolu-
tions, M. de Champagny, convaincu qu'il est pré-
férable de modifier la Constitution d'un grand
peuple sans secousses violentes , a fait au suffrage
universel, principe fondamental de Napoléon I$^{er}$
comme de Napoléon III, l'accueil le plus sincère.
C'est à l'instinct des masses qu'il faut en appeler
pour combattre l'esprit anarchique qui veut toujours s'imposer par l'audace. C'est à ses convic-
tions bien connues qu'il doit le choix que ses con-
citoyens ont fait de lui pour les représenter , soit
au conseil-général de leur département, soit au
Corps-Législatif. Au moment où renaissait l'Empire , les habitants du Morbihan ont été inspirés
par les souvenirs du duc de Cadore, et attirés par
le caractère simple et l'esprit studieux de son fils.

DE VAUCHER ,

Ancien secrétaire de M. Lacretelle aîné ,
de l'Académie-Française.

PARIS, IMPRIMERIE DE MADAME DE LACOMBE, RUE D'ENGHIEN, 14.

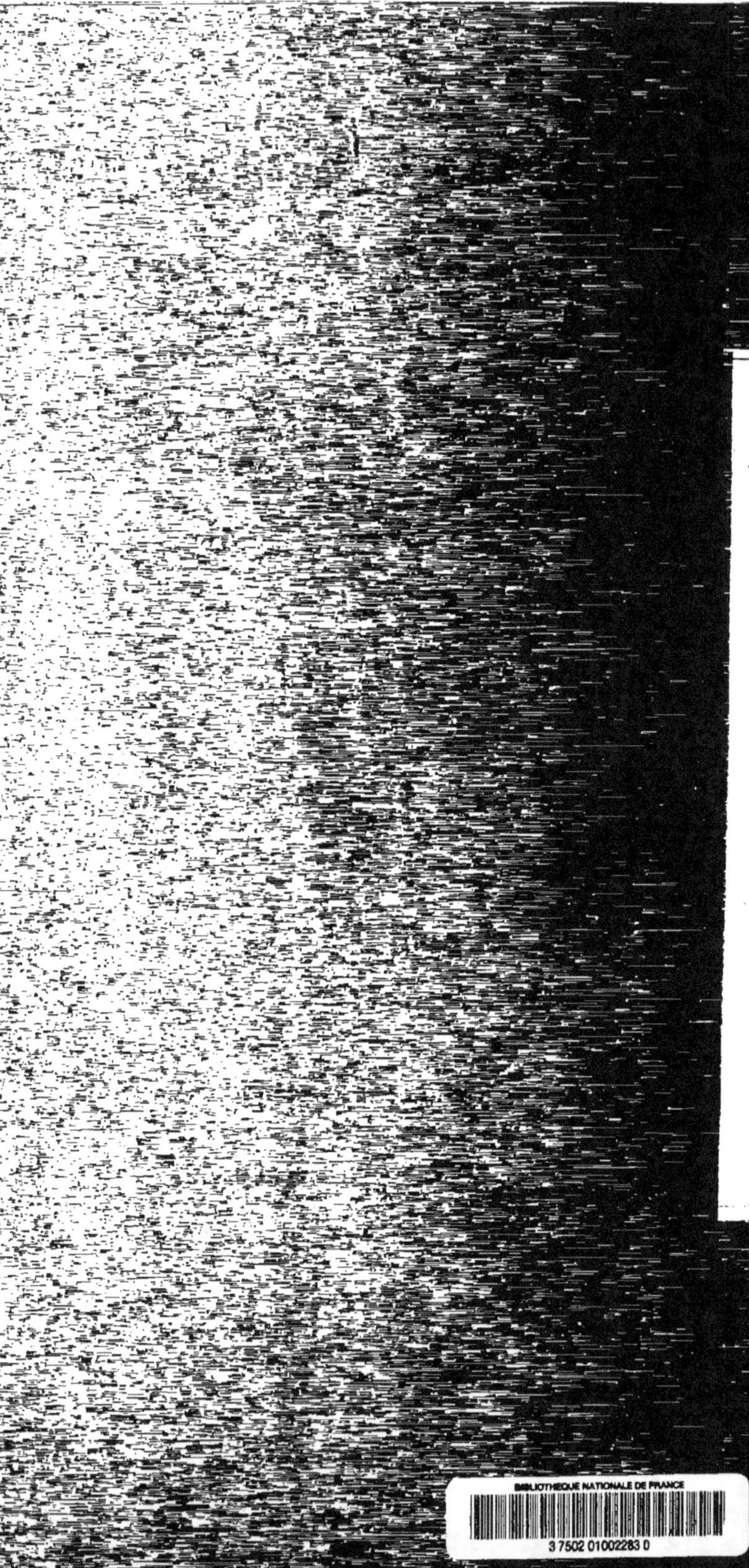